THÉORIE

DE LA

SPÉCULATION.

PARIS. — IMPRIMERIE D'AUGUSTE MIE,
RUE JOQUELET, 9.

THÉORIE

DE LA

SPÉCULATION.

—

SECOND CAHIER.

—

Paris, 24 Novembre au 6 Décembre 1831.

Dans un premier cahier de la fin de décembre 1830, où je considérai le taux de la rente de France dans ses rapports avec les éventualités et les principes d'économie publique, et le cours du café relativement aux circonstances d'alors, j'ai démontré que celui-ci était beaucoup trop bas, et celui de la rente beaucoup trop élevé : l'événement a confirmé d'abord après la première de ces assertions, puisque le prix du café a augmenté de cent pour cent, tandis que les autres produits coloniaux ont éprouvé de nouvelles baisses, et malgré que la paix n'ait point été troublée; sans doute qu'il ne tardera pas de justifier l'autre. En attendant qu'il se prononce, il ne sera pas sans intérêt d'examiner, à l'occasion de la hausse extraordinaire de cette rente dans le présent mois de novembre 1831, si l'action des différentes masses de rentes, et les principaux faits arrivés depuis la première de ces époques, doivent appuyer ou affaiblir une semblable conjecture, soit qu'ils se rapportent aux éventualités d'alors, soit qu'il en résulte un surcroi de motifs pour ou contre l'opinion que je soutiens.

Ces faits sont l'agiotage, le budget des dépenses pour 1831, et le dernier emprunt, enfin la continuation et l'augmentation des probabilités de guerre.

En principe, le taux de la rente est élevé, quand l'argent est abondant; il est bas, quand l'argent est rare. J'ai donné dans le précédent cahier des notions qui m'ont paru assez claires sur la tendance rétrograde des capitaux depuis la révolution de juillet 1830, et sur la rareté de l'argent qui devra en résulter tôt ou tard (1); mais d'où provient l'abondance ou la rareté de l'argent

---

(1) Ce cahier fut imprimé à Paris : comme il était encore sous presse à mon départ de cette ville, je chargeai l'imprimeur de le remettre à un libraire; je n'en eus depuis aucune nouvelle. Revenu à Paris, je fus trouver l'imprimeur et le libraire : l'un dit l'avoir remis; l'autre dit ne l'avoir pas reçu; sans doute qu'étant égaré, il se retrouvera. Cette circonstance m'engage à citer l'article suivant, extrait d'une épreuve que le hasard m'a procurée :

« Les produits, la circulation et la confiance ou le crédit, sont ce qui forme les capitaux, ou en sont la base essentielle, l'argent effectif n'en étant jamais qu'une portion infiniment petite. Ainsi les produits qui circulent sont des signes véritables de l'argent ou des causes réelles de papier de circulation : on conçoit de là, que l'abondance de l'argent est, toutes choses d'ailleurs égales, proportionnée à la grandeur de la circulation des produits, ou à la quantité des signes qui le représentent non fictivement, comme cela n'arrive que trop, mais réellement ; et qu'en revanche, sa rareté est en raison de la quantité des produits qui devraient, mais qui ne peuvent pas circuler, et en raison de la diminution du vrai papier de circulation, c'est-à-dire, de celui qui repose sur des causes réelles. Toute diminution sensible du travail tend pareillement à rendre l'argent demandé, puisque, ainsi que je viens de le dire, il en résulte une diminution proportionnée dans la circulation de ce signe. D'un autre côté, la valeur des produits diminue à proportion que la circulation est moindre que ne le demande la masse ou la quantité de ceux-ci, ce qui est une nouvelle cause

sur la place de Paris? L'argent y doit être abondant, quand la rente est très demandée, parce qu'elle forme la masse de capitaux la plus considérable qu'il y ait sur cette place ; il est rare, quand cette rente est très offerte. Il est donc évident que l'effet dont il s'agit, provient de la rente elle-même, et réagit sur celle-ci. Mais allons plus loin, et disons que l'affluence des capitaux à la Bourse, qui rend actuellement le taux de la rente beaucoup trop élevé, ne provient nullement d'une surabondance de ceux-ci, ou de ce qu'ils manquent d'emploi ailleurs, mais de ce que l'intérêt local et les intérêts particuliers, la faculté d'emprunter sur des dépôts de rentes, et surtout le jeu, l'agiotage et le projet incontestable d'une banqueroute, les y attirent : c'est ce que nous allons examiner.

---

de rareté d'argent ; car si l'abondance du numéraire est proportionnée au bas prix de toutes choses, c'est de celles qui circulent, et nullement de celles qui devraient, mais qui ne peuvent circuler. Il faut aussi ne pas confondre avec la circulation dont il il s'agit, un excès quelconque de circulation ; car de tels débordemens de capitaux amènent un peu plus tôt ou un peu plus tard un engorgement de produits. C'est ainsi que l'excès des impôts, résulté de l'abus inconsidéré de la rente, en forçant le travail à faire des prodiges pour subvenir à des besoins toujours croissans, a donné un élan à l'industrie et aux idées libérales, qui sans cela aurait été impossible, a contribué au perfectionnement des arts, au développement des lumières, a multiplié les produits et procuré une immense extension des capitaux, résultats qui, de 1815 à 1830, surpassent ceux de plusieurs siècles précédens. Secondement il est certain que quand le taux de la rente est élevé, la dette publique accroît considérablement l'inégalité, et toujours au préjudice des classes inférieures, les dépenses des gouvernemens et les occurrences de Banque, de jeu et de spéculation, qui augmentent toujours plus, et non sans une multitude de réactions, cet état d'élévation de la rente ; conséquemment, il est certain aussi que la dette accroît dans une pareille circonstance la masse du crédit d'une nation et celle du crédit de ses membres. De ce principe naît une tendance de tous les capitaux à excéder leurs limites naturelles ; le tout arrive infailliblement, lorsque le taux de la rente est fort progressif ou élevé ; mais quand ensuite il est fortement rétrograde, il résulte un engorgement de certains capitaux, un discrédit général et une extrême pénurie de numéraire.

L'influence des diverses catégories de détenteurs de rentes, ou des différentes masses de celles-ci, agit d'une manière bien prononcée sur le taux des effets publics, et jusqu'à présent, cette influence a toujours été dans le sens ascendant, ou dans celui du taux élevé de la rente.

Chaque espèce de rentes a quatre sortes de masses : la masse casée, celle de la spéculation, celle du jeu, et celle qui est flottante.

La rente casée est celle qui n'est pas à vendre, et que le capitaliste garde comme un placement fixe, décidé d'en courir également les chances et les risques.

La rente est casée par convenance ou par intérêt : ce dernier motif porte à résister à tout ce qui peut le blesser. L'autre considération ne saurait cesser pour beaucoup de monde, qu'ensuite d'une grande détresse générale; cependant des craintes à cet égard, ou à l'égard du paiement de l'intérêt et du maintien de la paix, devraient suffire pour décider un très grand nombre de détenteurs de la rente casée à s'en défaire.

Il ne paraît pas que depuis fort longtemps, la masse casée ait subi une grande mutation; mais il est évident que dans les circonstances actuelles, ces rentiers ont trop de sécurité à raison du long état de paix, du taux constamment élevé de la rente, et des illusions contractées durant quinze années d'une hausse et d'une tendance progressives, qui faisaient de la rente le meilleur placement à intérêt qu'il fût possible d'imaginer; car non-seulement il donnait un intérêt d'environ 6 pour cent l'an, régulièrement payé de six en six mois, mais encore un bénéfice considérable sur le capital, et le tout sans peines, ni frais, ni pertes, ni risques quelconques; tandis que les profits du commerce, de l'agriculture et de l'industrie, si incertains et si péniblement et désagréablement acquis, diminuaient chaque année par l'effet d'une concurrence toujours croissante: c'est ce qui a tellement influencé l'opinion en faveur du placement en rentes, qu'on est aveuglé maintenant sur le changement total qui s'est opéré dans la direction et la tendance des divers capitaux, et que ce ne sera qu'au moment même du danger, et lorsqu'il ne sera plus possible de l'éviter, qu'une partie des capitalistes sentiront toute l'étendue de leurs fautes.

La rente est encore à un taux trop élevé ou factice, parce que la science de la spéculation a fait si peu de progrès, qu'en général le commerce ne spécule que quand l'opinion est déjà formée ; qu'à plus forte raison, le plus grand nombre des capitalistes n'achètent la rente que quand le prix est haut, et qu'ils sont poussés par le regret de n'avoir pas opéré plus tôt, ou par les illusions qui naissent à la vue des succès d'autrui, et ne se déterminent à vendre que dans les prix bas, ou quand une progression de baisse leur suggère des craintes ; mais mieux connue dans la suite, la spéculation deviendra la sentinelle de la rente casée, ou des capitalistes qui auparavant ne songeaient pas à spéculer, et qui peuvent avoir d'autant plus de raison de le faire, que les avantages que savent se procurer les autres catégories de détenteurs, ou dont jouissent les autres masses de rentes, donnent aux effets publics une valeur fictive, ce qui, dans l'ignorance où l'on est généralement à cet égard, est cause que la quantité des rentes casées, est ordinairement plus considérable qu'elle ne devrait l'être ; d'où l'on peut conclure que, dans tout état continental, les illusions qui résultent d'un état progressif, sont une cause de cette sorte de placement, mais qu'elles devraient cesser du moins aussitôt que le taux et la tendance de la rente commencent à être rétrogrades. Enfin les rentes casées, principalement celles de l'étranger, sont la plupart réunies, ou en partie dans les mains de personnes qui, lorsqu'elles veulent faire la baisse, avec ou sans la coopération du jeu, livrent ces rentes à la circulation, et aussitôt que la baisse est opérée, elles rachètent ces mêmes rentes à un prix plus avantageux. Elles ont donc le pouvoir de faire une baisse effective qui n'est jamais de durée, mais elles n'ont pas celui de faire la hausse sans auparavant avoir fait la baisse ; c'est pourquoi il y a beaucoup de chances pour une baisse quand le prix est haut. Ainsi ces personnes sont d'autant plus intéressées à te-

e la rente trop haute, qu'elles ne peuvent pas faire la baisse ni
hausse, sans avoir opéré la dispersion d'une masse de ces
entes, et que cette opération ne peut être fort lucrative que
quand le taux de la rente est beaucoup trop élevé ; donc, aussi
bien pour faire la hausse que la baisse, puisque l'une ne peut
avoir lieu sans l'autre, l'état d'élévation du taux de la rente,
est le seul qui puisse leur convenir, et c'est pourquoi il est
objet de toute leur sollicitude. Les percepteurs de rentes ont
ncore le même intérêt particulier, parce que le taux élevé ou
ctif de la rente, en facilitant alternativement les grandes fluc-
uations de hausse et de baisse, décide beaucoup de capitalistes
leur donner des ordres d'acheter ou de vendre, et leur pro-
ure de fortes provisions, indépendamment des autres béné-
es que mille circonstances peuvent y ajouter ; ce qui les lie
intérêt avec les agens de change, qui n'aspirent aussi qu'à
ndre plus fréquent l'usage de leur ministère. Ainsi les déposi-
ires de rentes et leurs intermédiaires ou correspondans à
tranger, ne cessent de prôner la rente, et d'encourager ou
ciliter des transactions aussi bien d'achat que de vente, et
ussi bien de ceux qui ont des doutes ou des craintes, que
e ceux qui ont des espérances, mais principalement dans le
ms de la hausse et d'une faveur nouvelle et progressive de la
ente.

Je range dans la masse des rentes de la spéculation, les
entes non casées que les détenteurs vendent pour faire la bais-
e, quand le taux leur paraît être élevé, et pour les racheter
nsuite à un taux inférieur qui leur procure un bénéfice.

J'ignore si, jusqu'à présent, on a essayé de réunir ou de
isséminer, d'une façon particulière, les rentes de la spécula-
on ; peut-être a-t-on voulu appliquer le premier de ces prin-
ipes aux occurrences où il y avait effectivement des rentes
errantes. En général, cette masse de rentes étant fort dissé-
inée, les détenteurs, quoique loin de s'en douter, sont en-
avés de plusieurs manières, et ne spéculent que lorsqu'ils
royent que c'est le moment de le faire, ce qui, vu la grande

divergence des opinions à cet égard, multiplie singulièrement les perturbations du cours, et ne permet pas qu'elles soient très fortes, ni qu'un grand nombre de spéculateurs y prennent part.

Pour faire ressortir toute l'influence que cette catégorie de détenteurs exerce sur le cours de la rente, il faudrait pouvoir la suivre dans ses divisions et ses rapports avec l'agiotage ; mais, comme mon but est simplement de montrer qu'elle contribue à tenir ce taux trop élevé, il devra suffire d'aborder quelques parties du sujet. Par exemple : il faut plusieurs emprunts à des intervales qui ne soient pas trop éloignés, et qui aient pour objet des besoins d'argent, pour donner la mesure véritable du crédit d'un État, ou mettre en évidence la valeur réelle et non fictive de la rente, et ça été le manque de pareils emprunts de 1818 à 1830, la création des rentes pour l'indémnité des émigrés n'ayant pas eu de demandes d'argent pour objet, qui a fait monter la rente à un taux extrêmement factice, car tous les banquiers généralement ne font la baisse que par spéculation, ou quand il s'agit d'emprunt et de créer de nouvelles rentes, parce qu'alors leurs bénéfices sont proportionnés à la baisse de la rente, indépendamment qu'il y a une cause véritable de baisse, celle de nouvelles émissions de rentes, quoique, pour l'ordinaire, elle ne soit que momentanée par l'augmentation de la quantité des rentes du marché ; autrement ils sont intéressés à ce que la rente qui forme une grande partie de leurs fortunes, soit au taux le plus élevé possible. Il en est de même des agens de change qui ont des dépôts considérables en rentes pour le cautionnement de leur office ; et quiconque connaît les grands moyens des uns et des autres, de leurs nombreux associés et de toutes personnes qui ont une certaine influence à la Bourse, et l'accord qui naturellement doit exister entre tous, comprendra aisément qu'ils dirigent le cours et ses variations, comme bon leur semble ; qu'ils sont intéressés la plupart à ce que la dette augmente sans cesse, soit d'une manière relative par un taux progressif, soit réellement par de nouveaux emprunts, deux sources de bénéfices pour eux, comme prêteurs, et aussi comme créanciers ou détenteurs de rentes, et qu'on a voulu que tout fût coordonné à la Bourse, de manière à pouvoir dominer le plus possible les circonstances, ainsi que les spéculations qui seraient faites à la baisse, et même au point que la puissance du commerce de Banque et du parquet, pût surpasser, aux époques ordinaires, celle de tous les autres détenteurs de rentes; dans ce sens, qu'ils pourraient soutenir et rendre nuls l'action et le choc de toutes les rentes casées en France et à l'étranger, lorsque, par des spéculations, ces masses seraient graduellement ou simultanément livrées à la circulation, ou rendues flottantes, ou enfin le choc des plus grandes associations de joueurs, qu'on aurait jamais vues, et qui auraient pour but de dominer les variations et le taux de la rente. Secondement, il est bien probable que le haut commerce en particulier cherche constamment à être maître du cours de la rente, ou à le tourner à son profit, et surtout, dans la circonstance qui date depuis plus d'un an, de tenir ce taux dans un état continuel de fluctuation et fort haut, afin de tirer son épingle du jeu, lors même qu'il n'en profiterait pas autrement dans les négociations qu'il est chargé de faire, pour compte d'autrui; sans cela, comment se pourrait-il qu'un événement, tel que celui de juillet 1830, et une occurrence de baisse si importante, fussent restés dans l'oubli, par le défaut de spéculation. C'est à cela et à la faute de ne pas avoir fait cette spéculation, qui a été commise dès l'origine par ceux qui n'avaient pas un intérêt comme les banquiers, les agens de change et les agioteurs, à tenir le taux de la rente fort élevé, qu'il faut attribuer l'absence d'une forte baisse à cette époque, et les succès surprenans de l'agiotage, qui ont maintenu jusqu'à aujourd'hui la rente 5 pour cent à un taux qui excède le pair.

Mais de ce qu'on n'a pas encore spéculé sérieusement à la baisse ensuite de cet événement et des éventualités qui s'y rattachent ou qui subsistent encore, on y viendra bientôt, et alors résultera une grande baisse avec une ample compensation, attendu que les motifs de la faire seront encore plus nombreux qu'auparavant.

Je ne sais si l'on doit considérer comme une troisième masse de rentes, celle qui existe fictivement ou par supposition dans le jeu de la rente. Je démontrerai bientôt que l'on traite annuellement pour 480 millions de rentes, avant que les agens de change retirent aucun bénéfice de leur charge. En admettant qu'il y ait dans ce nombre environ un sixième d'affaires en rentes effectives, et que ces 480 millions de rentes ne soient que la moitié des affaires qui se traitent à la Bourse, il y aurait pour résultat 800 millions de rentes de négociations en liquidation ; et comme, pour chaque cinq mille francs de ces rentes fictives, il faut faire un dépôt de cinq mille francs en espèces, on devra déposer chaque mois la douzième partie de 800 millions, soit 66 millions de francs dans les mains des soixante agens de change, et dont il est clair qu'ils peuvent faire usage : ce qui donne une idée des moyens qu'ils acquièrent, indépendamment qu'ils sont presque tous millionnaires, ou peuvent avoir des associés : cela donne aussi une idée des capitaux que le jeu de la rente enlève au travail, ou attire, et qui viennent s'engouffrer et se perdre dans Paris.

Par ces dépôts de valeurs que le parquet fait faire aux joueurs, non-seulement il leur ôte tout autre usage de cette partie de leur crédit, mais encore il les met dans le cas, pour ne pas perdre l'intérêt de leurs dépôts, de transformer leurs fortunes en rentes, d'où résulte une très forte masse de rentes effectives, qui n'appartient précisément ni à la rente casée ni à celle de la spéculation ; ainsi non-seulement les banquiers et les agens de change ont un intérêt particulier, comme nous l'avons déjà vu, à soutenir la rente à un taux fort élevé, mais encore les habitués de la Bourse y sont pareillement intéressés : c'est sous ce dernier point de vue que j'ai cru devoir signaler cette troisième catégorie de détenteurs.

Cependant il était un autre motif encore de le faire : c'est celui qui est tiré du désavantage d'être baissier, et de ce qu'en cas de hausse, on peut obliger un vendeur pour fin du mois, à effectuer la livraison avant l'expiration de ce délai, et qu'alors il est obligé, s'il est à découvert, d'acheter pour remplir son engagement, ce qui est un nouvel avantage créé en faveur de la rente, ou qui tend à en soutenir et faire monter le cours, ou à produire des demandes et occasioner des achats, souvent même à tous prix. Enfin la diversité des opérations de la Bourse, soit d'emprunt sur dépôt de rentes, soit de négociations au comptant, à terme, à prime et à report, rentre aussi jusqu'à présent dans le système de progression de la rente, en multipliant les affaires à l'infini ; mais en cas de débâcle de la rente, ces mêmes causes agiront dans un sens contraire, et au lieu de lui être favorables, elles lui seront nuisibles. Par exemple, les dépôts de rentes devant être vendus, accroîtront les rentes flottantes, et de même la difficulté ou le haut prix des reports, etc., etc., etc.

La quatrième sorte de masse de rentes est celle de la rente flottante. Cette rente est le contraire de la rente casée, c'est-à-dire qu'elle est offerte et n'a point d'acheteurs. Ce que je viens de dire des trois autres masses de rentes, prouve que leurs détenteurs sont tous fortement intéressés, lorsqu'il n'est pas question de faire de nouveaux emprunts, à soutenir le taux de la rente. Ainsi, plus la dette est grande, plus les intérêts qui s'y rattachent sont considérables et ont d'influence, plus aussi est forte et efficace l'action des masses pour produire la hausse, plus elle devrait être faible, toutes choses d'ailleurs égales, quand il s'agit de baisse, sauf cependant qu'il y eût des rentes flottantes, car alors ce serait le contraire. Mais le taux fictif de la rente et l'agiotage, qui sont aussi proportionnés à la grandeur de la dette, ont une influence sur les variations du taux de la rente infiniment plus grande encore, et tendent aussi à dominer dans le sens de la hausse et de la rente casée, hormis dans de courts intervalles de baisses, et conséquem-

ment dans le sens opposé de la rente flottante. Par exemple :
la rente des spéculateurs ne peut pas devenir flottante, à moins
qu'ils ne fussent forcés de vendre, ou qu'il ne dut y avoir
une dépression progressive de la rente; car le spéculateur
peut avoir un intérêt à acheter la rente flottante, mais autrement il n'en saurait avoir à vendre sur ce pied là, ou à rendre
telle la rente par ses propres ventes.

Si l'on ajoute à ces considérations l'intérêt si puissant qu'a
un état de conserver son crédit, lorsque celui-ci n'est pas au
pouvoir d'agioteurs, on sentira que si, aux époques ordinaires,
ou lorsqu'il y a de trop fortes émissions de rentes, la spéculation a des motifs particuliers de produire une masse de rentes
flottantes, ce ne peut être que pour l'enlever du marché, aussitôt que l'effervescence sera calmée. Mais, dans les grandes
calamités, et lorsqu'il faut s'attendre à une suspension, ou
plutôt à la suppression momentanée du paiement des intérêts,
les causes qui jusqu'alors avaient agi et prévalu pour tenir le
taux de la rente beaucoup trop élevé, perdant tout-à-coup leur
ascendant, il doit en résulter une dépression et une masse de
rentes flottantes d'autant plus fortes, qu'il n'y a plus d'illusions pour soutenir les autres masses de rentes, et que les
détenteurs des unes et des autres, veulent s'en défaire à
tous prix.

La plus vaste carrière de subtilités pour toutes les classes et
toutes les professions, est sans contredit celle de l'agiotage :
faire servir toutes choses pour parvenir au but qu'on se propose; égarer l'opinion publique pour agir toujours à coup sûr,
et pour que ceux qui la suivent opèrent sur de fausses bases ;
faire naître une attente ou des espérances que l'on sait devoir
être vaines; des regrets également destinés à exercer une trom-
peuse influence; couvrir d'incertitudes et de vague les événemens qui doivent arriver, afin d'affaiblir l'opinion des risques,
et pour qu'on finisse par n'y plus croire, ou qu'ils ne fassent
plus d'effet; produire toujours le contraire de ce qu'on attend,
et tromper tous les calculs; tenir la rente à un taux extrême-

ment factice, pour stimuler la spéculation, parce qu'on trouve toujours un moyen d'en tourner les changes en sa faveur, et en général, à un taux beaucoup trop élevé pour inspirer de la confiance et une fausse sécurité aux détenteurs, tandis que les baisses ne sont au taux le plus bas qu'un instant, pour que chacun s'empresse de spéculer à la hausse, ce qui amène beaucoup de mécomptes de la part de ceux qui l'ont fait trop tôt; enfin exercer une action immédiate et forte dans les affaires publiques, tant intérieures qu'extérieures, ou tendre sans cesse à usurper une telle influence; tels sont quelques-uns des principaux traits auxquels on reconnaîtra l'agiotage ou le jeu de la rente, qu'on peut regarder comme le NEC PLUS ULTRA de l'esprit du commerce. Ainsi, il ne repose pas seulement sur l'espoir de faire des dupes, ou sur les vices et l'ignorance des hommes; principalement sur les fautes, les illusions et le désir de s'enrichir des particuliers qu'on sait mettre si merveilleusement à profit; mais il se fonde encore sur des événemens et des opérations simulées, des prête-noms ou des banqueroutes concertées d'avance; sur les malheurs publics, les révolutions, les guerres; sur le triomphe ou la ruine des libertés, qu'on célèbre en raison du nombre des victimes et des gains qu'on a faits à la Bourse, où tel s'enrichit aujourd'hui, qui demain est ruiné à son tour. Faut-il donc s'étonner encore, si, avec une pareille manie du jeu de la rente et celle des emprunts dont tous les souverains ont tant abusé, l'on ait toute la facilité d'acquérir en peu de temps de grandes fortunes, à l'aide de quelque influence dans les affaires administratives, ou au moyen d'abus dans les différentes gestions et opérations de la rente.

Actuellement en Angleterre, et aussi autrefois en France, une variation de 1 ou 2 pour cent sur le taux de la rente, ne pouvait être produite que par un événement extraordinaire, et qui remplissait tous les journaux : aujourd'hui, quand il n'y a qu'une variation d'un franc à la Bourse de Paris, on ne prend ordinairement plus la peine de lui assigner aucune cause; et sous ce rapport, elle signifie seulement qu'il n'a circulé aucune nouvelle ce jour-là ; mais on en tire la conséquence que le cours varie peu ou beaucoup, ou ne varie pas, le tout précisément, selon que l'intérêt des agioteurs le demande, ou selon qu'ils ont eu le bonheur que quelqu'un se soit avisé de jouer contre eux, et leur ait donné son argent à gagner.

Cependant, l'organisation du jeu de la rente, la grandeur et l'importance de ses résultats, ont fait porter l'agiotage au plus haut point de subtilité. Par exemple, on sait qu'il y a deux causes principales de fluctuations de la rente, les affaires effectives et le jeu : s'il y a des ordres d'acheter au comptant, on fait monter la rente, pour que les acheteurs paient plus cher, et après, le cours retombe. S'il y a des ordres de vendre, on fait la baisse pour pressurer les vendeurs, après quoi la rente remonte au taux qu'elle avait avant ; voilà pour les affaires effectives. Mais il faut une forte baisse pour que les spéculateurs achètent ; il faut ensuite une forte hausse pour les engager à vendre. On a donc soin de procurer alternativement l'une et l'autre, pour qu'il y ait beaucoup de transactions, indépendamment des réactions et des différences qui surviennent tout exprès, et dont on retire des bénéfices considérables. Quant au jeu, on voit que tels qui sont haussiers en apparence, sont baissiers en secret ; et l'on peut dire que le fin de l'agiotage n'est pas seulement de faire la baisse, comme il est alors de faire jouer à la hausse, et de faire jouer à la baisse, pendant qu'on va faire une forte hausse. S'il y a beaucoup de baissiers, on fait la hausse, et la baisse, s'il y a beaucoup de haussiers. C'est donc l'importance des affaires à la baisse, suite d'agiotage, qui décide la hausse, et l'importance des affaires à la hausse, qui décide la baisse ; et la baisse forte et progressive ne vient jamais de ce qu'il y a des baissiers, mais elle vient de ce qu'il n'y en a point, ou de ce que personne ne veut jouer contre eux, ou plutôt encore, de ce qu'il y a des haussiers, ce qui explique pourquoi le cours tombe alors si bas et si rapidement. Et de même, ce n'est pas parce qu'il y a des haussiers que le cours monte, mais c'est quand il y a des baissiers, je veux dire de ceux qui ne sont pas agioteurs; car si c'était le contraire, on ferait aussitôt la baisse. Il en est de même à l'égard des différences qui peuvent exister entre les taux de plusieurs sortes de rentes, car l'égalité ne sera point rétablie naturellement, à moins de spéculations effectives, mais elle le sera artificiellement par le contraire de ce qu'on aurait cru devoir arriver, et au préjudice de ceux qui auront eu la simplicité de s'y laisser prendre. S'il y a exception, ce ne sera que par suite d'autres différences ou motifs plus considérables, et l'on a soin d'attribuer ces résultats à quelque cause particulière, qui écarte tout soupçon de la source véritable. Ainsi, lorsqu'il y a des baissiers dans quelle circonstance que ce soit, la hausse ne manquera point d'être faite; s'il n'y en a point, la hausse est pour tromper les haussiers, lorsqu'on fera rétrograder le cours. Cependant il arrive aussi que l'on accorde des bénéfices aux haussiers et aux baissiers; mais c'est ordinairement lorsqu'on fait perdre encore plus à ceux qui jouent dans le sens opposé. Ainsi la baisse, que l'on fait aussi à l'approche ou à la nouvelle de faux événemens, et après qu'on a fait monter le cours fort haut n'est proprement qu'un jeu de hausse, et la hausse n'est qu'un jeu de baisse, mais beaucoup plus considérable et plus fréquent que le premier, car il y a toujours hausse lors d'événement véritable de hausse, mais il n'y a pas aussi sûrement une baisse, lors de grands événemens de baisse, comme on l'a vu à l'époque de la déchéance de Charles X, où une légère baisse de 4 ou 5 francs fut le résultat inaperçu de la cause la plus importante qu'il fût possible d'imaginer, et dans un grand nombre d'autres occasions encore, ce qui ferait croire que la rente de France est immuable, si on ne voyait sa grande mobilité ou ses perturbations de 5 à 15 pour cent presque chaque mois pour les moindres causes, et qui décèlent sa faiblesse. En résumé, ce ne sont pas les événemens qui font la hausse ou la baisse, mais ils leur servent de prétextes, selon l'intérêt des joueurs, lequel décide si l'on donnera au même événement une interprétation dans le sens de la hausse,

ou si au contraire elle sera dans le sens de la baisse. L'objet
d'une baisse est donc aussi de produire des occurences de hausse,
de stimuler des achats, et de présenter des chances qui auront un
plein succès étant utilisées par les agioteurs, mais qui, dans la
suite, auront, pour ceux qui joueraient contre eux des résultats entièrement opposés. Ces baisses servent encore, la plupart
à attirer de nombreux capitaux étrangers, qui ne devront jamais retourner aux prêteurs, à y habituer le rentier, et à empêcher que la rente casée ne devienne flottante, quand des événemens majeurs devraient l'ordonner. Quant à ce qui attouche
essentiellement l'agiotage dans les grandes fluctuations de la
rente, on ne cesse de répéter que l'avantage demeure à l'excé-
dant des moyens comparatifs des joueurs, comme si cet excé-
dant n'était pas toujours du côté des agioteurs; et sans doute
qu'on le fait dans le but d'induire en erreur, et d'attirer à la
Bourse les grandes réunions de capitaux et les grands résultats
ou les grandes pertes. On n'a pas manqué encore de représenter les joueurs comme étant divisés en deux grands partis, opposés l'un à l'autre : celui de la hausse et celui de la baisse,
parce que sans doute on a jugé qu'une telle division était in-
dispensable pour que, sous ce double masque, les agioteurs
eussent toute la facilité de mettre à profit indistinctement les
haussiers et les baissiers, et de réduire à la même mesure de
déception et d'infortune, les joueurs et les spéculateurs de
toutes les opinions et de tous les partis; et l'on peut dire qu'il
en est de ces deux partis comme des deux partis de la guerre
et de la paix qui n'existent qu'en apparence ou pour la forme,
et pour mieux faire des dupes ; mais ne préjugeons rien, lais-
sons parler les faits. On doit se rappeler les événemens fictifs
de décembre 1830, où un grand appareil fut donné à des appréhensions ridicules, et fut appuyé de nombreux bruits de
guerre, d'annoncés de marches de troupes, d'envahissemens, de
formation de camps, etc., etc., le changement subit de ce lan-
gage, aussitôt qu'on a voulu faire succéder la hausse à la baisse.
Les nouveaux bruits de guerre, à l'occasion du budget de quinze

cent millions pour 1831, et des affaires d'Italie ; la panique qui s'empara de la Bourse de Paris, le simulacre d'une guerre en Belgique au mois d'août suivant, et dont le motif qui a dû désappointer les spéculateurs, lorsqu'il fut connu, était de consolider la paix générale. Pour un autre cas plus récent, celui d'un nouveau projet d'arrangement des affaires belges, voici comment s'exprime une feuille parisienne, le National du 20 octobre 1831 :

« Déjà la Bourse a prouvé qu'on s'était livré hier à de fausses
« espérances sur la lettre irréfléchie de cette dépêche qu'on di-
« sait arrivée à l'instant même, tandis que la nouvelle était
« connue de la veille par le gouvernement. L'ambiguité de
« l'avis affiché à la Bourse par ordre du gouvernement, est un
« véritable guet-à-pens tendu aux acheteurs. D'une question
« de haute politique, nous dirons plus, d'existence nationale,
« on a fait une vile manœuvre d'agiotage. La baisse de 26 sous,
« qui est venue corriger la hausse démesurée d'hier, ne s'est
« pas opérée sans révéler plus d'un secret honteux. La France
« serait-elle tombée si bas, que d'être gouvernée par des cou-
« lissiers ! Il n'est que trop vrai, l'honneur, la sûreté, l'avenir
« du pays se jouent à la hausse ou à la baisse avec une impu-
« deur qui fait frémir, quand on pense aux dangers qui de tou-
« tes parts nous menacent. »

Le 22 du même mois, ce même journal ajoute encore : « Plu-
« sieurs journaux ont fait des allusions assez claires au sujet
« de certains coups de Bourse, qui ont scandalisé tout le
« monde il y a quelques jours : on a remarqué qu'aucun jour-
« nal ministériel n'a répondu à ces accusations ; ces Messieurs
« font semblant de ne pas entendre. »

Après est venu un congé de militaires autrichiens, auquel on a donné le nom de désarmement, et un traité de paix entre des puissances qui n'ont jamais été en guerre. Si l'importance qu'on a mise à cette nouvelle, n'est pas pour tourner en ridicule la politique, au moins l'on peut croire qu'elle n'était pas non plus pour nuire à la rente. Actuellement des troubles ont lieu à Lyon ; mille bruits circulent dans Paris ; la baisse était dans les fonds, tout-à-coup l'on a fait afficher à la Bourse un avis qui pouvait être interprété de la manière la plus large, touchant la nature, le but et les progrès de l'insurrection, car on y parlait de communications interrompues avec Avignon, Nîmes, Marseille, tandis qu'il ne s'agissait que d'un retard éprouvé par le courrier de Lyon. Aussitôt qu'on eut connaissance de cette affiche, personne ne voulut plus acheter, hormis ceux qui étaient dans le secret. La rente baissa de plus de 4 francs pour remonter le jour suivant, quoiqu'on ne sût rien de plus que la veille. De quelle manière qu'on considère une semblable affiche, on est forcé de convenir qu'elle était tout au moins inconvenante sous le rapport du jeu et de la rente; et d'autant mieux que déjà la veille, on avait fait afficher à la Bourse un avis entièrement contradictoire, et qui avait empêché de vendre, à l'exception de ceux qui en savaient davantage, et l'on devrait sentir que toute affiche susceptible de faire hausser ou baisser le cours, devrait être sévèrement interdite, puisqu'il en résulte toujours un dommage très considérable pour l'une des parties, et qui peut être au bénéfice de ceux qui ont ordonné de telles mesures. On se rappelle ce qui arriva à Cassel, il y a quelques années : le prince avait un ministre qui, pour porter en compte des dépenses secrètes, était lui-même l'auteur de conspirations simulées; mais que n'eût pas fait un tel ministère, quand il aurait eu en son pouvoir le taux d'une dette de cinq milliards, et qu'il aurait pu impunément faire mettre, à certaine heure de la Bourse, des affiches de nature à faire varier fortement le taux de ces rentes; les conspirations eussent alors rapporté infiniment davantage, et il eût bien valu la peine d'en faire des véritables. Mais qu'on examine attentivement tous les faits politiques et autres de notre époque d'à présent, et qu'on dise s'ils ne portent pas tous la même empreinte d'agiotage. De tels exemples qui, il faut l'espérer, seront flétris dans l'histoire, doivent être consignés pour la postérité, afin qu'elle apprenne à juger les effets des révolutions, et leur influence sur les mœurs publiques; mais, quant aux personnes qui fréquentent la Bourse actuellement, il serait inutile de vouloir s'en faire entendre; car quand on a vu avec quel empressement cette multitude, ordinairement de plusieurs mille individus, se presse et s'agite pour faire la hausse ou la baisse sans motif; quand on a entendu raisonner ces masses d'hommes qui suivent aveuglément l'opinion des journaux, les bruits du jour, dont il n'est plus question le lendemain, et le système émané des agioteurs eux-mêmes, sans se douter qu'on les égare de la manière la plus indigne, on sentira qu'il serait impossible d'empêcher qu'ils n'en devinssent les victimes, car il l'est de concevoir comment il se peut qu'un si grand nombre de gens, la plupart très instruits, soient aussi légers et aussi inconséquens qu'ils le sont en effet dans des matières aussi importantes. Cependant ce grand nombre de personnes qui fréquentent la Bourse, augmente chaque jour par suite des nombreuses et fréquentes fluctuations de la rente qui les y attirent : le jeu de la Bourse est ainsi devenu l'occupation journalière d'un grand nombre d'industrieux de la capitale, qui, loin de se créer une ressource, compromettent gravement leur existence, à quoi il faut attribuer le grand nombre de faillites qui ont eu lieu depuis un an dans cette classe; car c'est par la perte de leur temps et l'absence du travail, et non avec des capitaux superflus, qu'ils courent une carrière aussi désespérée; et comme c'est aussi de cette manière qu'ils contribuent puissamment à tenir la rente fort haute, il est aisé de prévoir ce qu'elle deviendra elle-même très prochainement avec de tels soutiens, et lorsque déjà, dans la seconde ville de France, quarante mille ouvriers insurgés demandent la mort ou du pain.

Outre ces divers motifs, et principalement celui du gain, qu'on doit attribuer à l'agiotage et à un semblable jeu des effets publics, on ne saurait leur contester celui de produire le taux fictif et élevé de la rente, en même temps que de désorienter et punir les baissiers; car c'est une vérité incontestable, que les nombreux échecs et les espérances déçues de ces derniers doivent affaiblir ou changer leurs opinions touchant la baisse ; ce qui, à l'égard du taux de la rente, produit l'opposé du résultat de fausses spéculations en marchandises relativement aux cours de celles-ci, puisque ces fausses spéculations occasionent la baisse, et tendent à déprécier le cours de la marchandise, tandis que les fausses spéculations contre les haussiers de la rente, ont des effets contraires ; ainsi les désastres fréquens survenus aux baissiers, l'impossibilité où ils sont d'opérer à la veille des baisses, et le dénouement de celles-ci toujours décourageant pour eux, tendent à détruire l'opinion d'une baisse, et à en détourner les joueurs les moins enclins à la hausse, et doivent avoir contribué puissamment à faire monter cette rente au taux si élevé de 70 francs le 3 pour cent ; mais, de même que tout autre moyen factice, ce résultat n'aura amélioré que pour fort peu de temps le cours de la rente, et lui prépare de nouvelles et prochaines réactions, encore pires que les précédentes.

Mais il existe un grand nombre d'autres motifs encore pour que les agioteurs tiennent la rente beaucoup trop élevée, quoique dans un état continuel de réaction, car la banqueroute étant l'objet et la fin nécessaire de leur système, soit dans la paix, soit dans la guerre, il est de leur intérêt de parvenir à ce résultat le plus tard et avec le plus de réactions possibles, en suivant la pente des circonstances, afin de mieux cacher leur but, d'accroître leurs bénéfices dans cette progression de baisse, et d'avoir plus de latitude pour leurs opérations de hausse progressive après la banqueroute, et quand la stabilité et la sécurité auront de nouveau prévalus, et afin que quand on voudra faire des emprunts, on trouve, au moyen d'une baisse de 10 à 20 pour cent sur le cours de la rente, des prêteurs qui voudront vendre très cher leur argent, tan-

fis qu'ils risqueront de le donner pour rien. Ce taux élevé de
la rente sert aussi à cacher la détresse financière et commerciale de la France, à empêcher ceux qui ont des rentes de diminuer leurs dépenses dans un moment où la classe ouvrière
manque déjà de travail, et à achever la ruine de ce pays par
des impositions et un agiotage qui sont sans exemples jusqu'à
présent; plus tard, il facilitera les moyens de rendre la baisse
rétrograde, et d'amener, lorsqu'elle sera un peu forte, de
nombreuses réactions; et pourquoi, avant la révolution de
juillet, tout ce qui était dans le sens de cette révolution semblait-il soutenir la rente? Pourquoi, depuis que cette révolution est consommée, est-ce le contraire? car on a vu que les
révolutions survenues depuis dans les autres pays de l'Europe,
quoiqu'une suite de la précédente, ont fait baisser cette rente,
et que l'espoir de les voir bientôt comprimées, l'a fait remonter; le but des agioteurs était-il peut-être de voiler leurs intentions et leur système, de bercer les carlistes et les étrangers
de l'espoir d'une contre-révolution, en faisant supposer qu'alors la rente remonterait à la plus grande élévation, quoiqu'extrêmement factice, où l'on était parvenu à la porter, à
l'aide de 15 ans de paix, d'agiotage et d'heureuses spéculations
à la hausse; cette ruse, accompagnée de beaucoup d'autres
ménagemens pour les rendre acheteurs, et les empêcher de
vendre, ne serait pas peut-être dépourvue de finesse; car de ce
que cette rente monte et se soutient aux environs du pair, par
des événemens propices à une prochaine restauration, on serait effectivement tenté de croire que celle-ci devrait amener
une ascension beaucoup plus forte; mais qui pourrait se fier à
un appât présenté de cette manière: l'agiotage commence les
révolutions, mais l'agiotage ne les finit pas; ce qui paraît certain, c'est qu'au milieu de l'aveuglement, je dirai même de
l'espèce de fatalité qui domine les détenteurs de rentes, et au
point où en sont les choses, la banqueroute peut se déclarer
dans peu de semaines, aussi bien que dans peu de mois, et l'on

serait sans doute bien fâché que les carlistes seuls ne fussent pas enveloppés dans ce grand, mais désormais inévitable malheur; enfin pourquoi tant de révolutions sur différens points alors qu'aucune n'a la moindre chance de succès? Serait-ce pour obliger les capitalistes du mouvement à exporter leurs capitaux, et déjà on dit que les nobles Polonais qui ont dû s'exiler pour la cause révolutionnaire, viennent de placer beaucoup de fonds en rentes françaises, dans le moment où l'on a porté cette rente à un taux tellement élevé et fictif, qu'en peu de jours ces placemens pourraient leur occasioner des pertes énormes; mais on se flatterait en vain d'attirer en France une partie des capitaux de l'Angleterre et de révolutionner ce pays; les Anglais ont trop de bon sens pour donner leur argent à des agioteurs, soit étrangers ou indigènes, le crédit y est trop avantageux à la nation et l'aristocratie y est trop puissante pour qu'on parvienne à y accomplir une révolution dont le but serait la chute du commerce maritime et la banqueroute de l'état; Londres, la ville la plus commerçante du monde, et qui n'a rien de commun ni qui puisse sympathiser avec Paris, a assez de moyens de soutenir sa splendeur sans s'adonner à l'agiotage; cette cité a d'autres intérêts et infiniment plus de ressources que l'autre, et des affiches à la Bourse qui produiraient incontinent une grande fluctuation dans la rente y mèneraient au pilori ou aux galères. Ou bien serait-ce parce que les révolutions sapent les fondemens du crédit, car plus le crédit d'un état est solide, plus il est à l'abri des coups de Bourse, et moindres sont les variations produites par l'agiotage, toutes choses d'ailleurs égales; supposons que ce crédit soit de toute solidité, alors quand la baisse est un peu importante, il y a tant d'acheteurs de rentes, qu'aussitôt elle s'arrête et que le cours remonte; mais plus le crédit est chancelant, mieux on peut accroître la baisse à volonté; ceci expliquerait-il pourquoi l'état révolutionnaire d'abord au dedans, et ensuite au dehors, est si convenable aux agioteurs, surtout lorsqu'ils ont le pouvoir de diriger l'opinion et de faire tout ce qu'ils veulent, et pourquoi il faut à l'appui de tout cela des faits

d'armement et de désarmement pour accréditer alternativement la paix et la guerre, et des résultats sans cesse contradic-
toires pour qu'on croie à un événement de baisse, quand il
sera à la hausse, ou à un événement de hausse, tandis que ce
sera la baisse. Et pouvait-on rien concevoir de mieux pour
opérer à volonté la hausse et la baisse, que ce qui arrive chaque
jour, c'est-à-dire, pour leur servir de prétexte et être un piége
qui entraîne au jeu et à la spéculation comme par enchante-
ment? Mais je ne considère pas si le jacobinisme n'est qu'une
émanation de l'agiotage, et s'il n'existe pas une vaste alliance
entre ces deux puissans moteurs d'une part, l'agriculture,
l'industrie et la finance de tous les pays de l'autre, par le moyen
des idées libérales, afin de dominer la grande masse des intérêts et des individus, et de diriger toutes les professions et
toutes les classes, depuis ceux qui vivent de leurs salaires, jusqu'à ceux qui vivent de leurs revenus, et dans le but de porter
successivement la rente de son plus bas à son plus haut degré,
sous un gouvernement stable, et ensuite de la faire retomber
de son plus haut période jusqu'à la banqueroute, sous un gouvernement nouveau. Mais si l'application est vraie dans l'événement de juillet, le peu de diminution qu'a subi en définitive
la rente française depuis lors, donnerait la mesure d'un délai
assez long, dans lequel on espérerait d'opérer la baisse progressive, et finalement l'extinction de cette rente.

Je n'examinerai donc pas plus en détail si cette révolution
de juillet a été préparée long-temps d'avance et si les minis-
tres de Charles X se sont laissés induire en erreur et même
provoquer ouvertement à faire ce qu'ils ont fait, ni quels rapports on pourrait supposer qu'il y a eu entre ce qui forme de
telles présomptions, le taux de la rente si inconsidérément élevé de cette époque et le projet de réduire l'intérêt 5 p. 100,
celui de tous les projets d'alors qui était le plus scabreux et le
plus important dans le fait; ni si les mêmes causes paraissent devoir se reproduire incessamment et si l'on s'efforce
de rendre le peuple misérable et irréligieux pour mieux l'en-

traîner dans des séditions et le porter à de grands excès ou désordres; ni si une religion nouvelle qui se soumet au monde pour le régir, et non à la gloire de Dieu, mais au profit temporel des hommes et qui admet leurs argumens, et ouvre la porte à leurs subtilités en promettant aux peuples des richesses nominales pour ne laisser à tous qu'une pauvreté effective, ne devra pas être un puissant auxiliaire de l'agiotage et qui déjà se vante comme lui d'avoir fort à cœur les intérêts du travail et des sciences. Je ne considère pas enfin si les agioteurs et la rente marchent rapidement de succès en succès pour ne pas perdre l'occasion d'achever l'asservissement de l'opinion à leur système, ni si la nouvelle victoire qu'ils viennent de remporter sur l'industrie dans l'affaire de Lyon, est pour préparer les esprits et les rentiers à un changement de gouvernement, comme ils sont venus à bout de les prémunir contre la guerre étrangère, ou si c'est seulement pour accoutumer les Français à verser le sang français au profit des agioteurs seuls. Oh! que ne feraient-ils pas en effet à présent qu'ils ont perdu l'appui des Polonais, des Italiens et des Belges qui se sont sacrifiés pour eux; mais je demande si l'on doutera que la révolution française de 92 n'ait été comme celle de 1830, produite par l'agiotage, et que la banqueroute n'en fût l'objet à l'une comme à l'autre de ces deux époques; certes, la banqueroute a suivi de près la première, aujourd'hui elle ne saurait se faire long-temps attendre. Ainsi qu'on définisse maintenant le crédit de la France! qu'on dise si ce n'est pas un jeu de bourse, une coterie de coulissiers! si telle mesure n'a pas fait baisser la rente de dix pour cent en deux jours, et si telle autre ne l'a pas fait remonter de six pour cent en deux heures; si ce n'est pas au moyen d'une politique aussi sublime qu'on acquiert une grande popularité, et qu'on a sinon opéré un désarmement partiel et qui ne signifie rien, du moins réduit pour quelques jours à un silence qu'il est facile de concevoir le soi-disant parti de la guerre! qu'on dise s'il n'est pas évident que les agioteurs promettent à chaque parti ce qu'il désire, et si en secret ils ne visent pas à les tromper tous; si la banqueroute d'abord en France, ensuite dans tous les pays où il y a des rentes, n'est pas leur unique but, en un mot, si ce n'est pas au profit de Paris seul qu'on exploite la révolution de juillet! De telles vérités devraient frapper tout le monde; et l'on ne finirait pas, si l'on voulait apprécier la véritable valeur des effets publics, d'après les actes par lesquels on tient les détenteurs de la rente pour gens d'une grande simplicité, et son taux à une élévation inconcevable. Cependant l'opinion est bien différente dans les départemens; je puis affirmer que ni à Lyon ni à Marseille, où je me trouvai au plus fort de la hausse du commencement de novembre 1831, on n'aurait pas trouvé un seul acheteur au comptant, et bien moins à terme, mais on y aurait trouvé des vendeurs, même en liquidation, tant qu'on aurait voulu.

L'on se croirait autorisé de conclure que l'agiotage a été de tout temps le principal pivot des révolutions, et qu'il l'est présentement plus que jamais, par une foule d'autres raisons qu'il serait superflu de citer; il était tout naturel qu'une partie de la population d'une capitale qui se distingue par une grande perspicacité et par son génie, fût la première en rang, et se plaçât à la tête des autres peuples dans cet ignoble métier; mais il est inouï que les souverains alliés, en cherchant à comprimer les révolutions, aient encouragé cet infâme système aussi ostensiblement, comme ils n'ont pas cessé de le faire depuis l'époque de juillet 1830, et qu'en paraissant se complaire à le tolérer ils n'ont pas fait la remarque qu'ils s'exposaient à le voir dominer dans leur propres états, et qu'ils lui donnaient une grande consistance qui réagirait contre eux-mêmes et produirait chez eux les mêmes effets; on conçoit qu'ils peuvent l'avoir fait parce qu'en retour, on leur accordait tout ce qu'ils voulaient; mais ils n'ont pas senti leur désavantage dans cette position, car les révolutions ne rétrogradent pas; en donnant lieu de croire qu'ils craignent la guerre, et qu'ils n'ont pas d'argent pour la faire, c'est les exciter; bien plus, en autorisant un état révolutionnaire à se dire en parfaite harmonie avec eux, à parler de sympathie des peuples, d'accord et de prochaines alliances des gouvernemens ; c'était lier d'intérêt et de système les agioteurs du dedans avec ceux du dehors ; et un tel contact, un tel encouragement s'il continue, devra nécessairement étendre les révolutions dans toute l'Europe ; l'Angleterre dominé par le luxe et le commerce, les agioteurs tendent à dominer par les révolutions et la rente ; et l'on pourrait leur supposer l'arrière-pensée d'obtenir par souplesse ce que Napoléon, au plus haut point de ses conquêtes et de sa puissance, a vainement cherché par la force ; serait-ce le bien de l'humanité ? je ne le crois pas ; le peuple français, s'il n'est induit en erreur, serait le premier à repousser l'idée d'une prépondérance qui émanerait d'une source aussi opposée à son caractère ; aussi a-t-on vu avec quelle facilité certain parti se ploie à tout ce qu'on veut de lui, pourvu que tel événement qui aurait dû produire la baisse des fonds, soit accompagné de tant de palliatifs, qu'il en résulte au contraire une hausse extraordinaire ; en un mot, les souverains n'ont pas compris que la contagion de l'agiotage est mille fois plus dangereuse pour leurs peuples que tous les miasmes pestilentiels du choléra, contre lequel ils entretenaient à grands frais des cordons sanitaires ; cette faute, car c'en est toujours une de vouloir jouer de finesse contre les agioteurs, sera une tache ineffaçable du ministère Grey, et qui pourrait avoir les suites les plus graves pour l'Angleterre. Cependant les agioteurs devront nuire aussi à leur propre système, car en poussant les choses aussi loin comme ils le font, un temps viendra où personne à la Bourse ne voudra jouer contre eux.

Ce que je viens de dire touchant l'agiotage, signifie beaucoup par rapport à la rente, et me conduit à faire la réflexion suivante : c'est que, dans une grande capitale qui n'est pas un entrepôt de commerce et qui n'a point de commerce maritime, mais qui, par ses richessses et sa population, par les sciences, les beaux-arts et le luxe, est au rang des premières villes du monde, l'agiotage soit appelé, si je puis m'exprimer ainsi, à y suppléer le défaut de commerce lointain, et y soit devenu à la longue et surtout, à la suite de cette grande supériorité de civilisation qu'on ne saurait contester à la France, un sujet de première nécessité, en un mot, sa principale industrie, afin d'y attirer les capitaux du pays et ceux de l'étranger; à quoi sans doute il faut attribuer l'extrême indulgence qu'on y a pour les affiches à la Bourse. On peut en conclure, que de vouloir supprimer cet agiotage, ce serait faire une révolution, mais si on ne le supprime pas, on aura ce résultat dans les départemens, où déjà les commencemens sont de nature à faire prévoir une pareille issue, et ils montrent parfaitement le contraste qui existe entre une ville commerçante comme Lyon, et une ville de capitalistes comme Paris; à l'une, il faut l'industrie, l'autre demande l'agiotage; mais jamais on ne parviendra à accorder et réunir deux extrêmes aussi opposés, et dont le dernier cherche à rendre illusoire tout ce qui existe et finalement jusqu'au crédit lui-même; c'est pour avoir méconnu cette vérité, si bien appréciée par Napoléon, que la branche des Bourbons est descendue chaque fois du trône!!! Ainsi le jeu de la rente ne serait, comme nous n'avons cessé de le supposer, qu'une lutte entre le ministère et l'opposition; or quand il n'y a point d'opposition véritable, mais seulement pour la forme, alors la rente a une tendance à dominer l'opinion, au lieu que l'opinion devrait dominer la rente, et il serait impossible de changer, hormis pour fort peu de temps, cet ordre naturel des choses, et qui n'est pas lui-même exempt d'abus.

J'en viens à mon troisième sujet qui est l'état financier de la France en 1831. Si un budget de 1500 millions a été imposé en pleine paix, que sera-t-il en temps de guerre? une dépense si énorme est d'autant plus nuisible au crédit, qu'on n'en voit ni l'utilité ni le but: pour obtenir ce résultat, on a parlé de guerre et de la nécessité de mettre l'armée et les moyens de défense sur un pied formidable, après il n'a plus été question que de paix, et tout est resté comme il était auparavant.

Cependant la nécessité de contracter de nouvelles dettes pour faire face à ces dépenses, et la difficulté qu'on éprouva d'abord de trouver des prêteurs autrement que par voie de souscription, montrent que les ressources de la France ne peuvent plus suffire, à beaucoup près, pour le service ordinaire, et que son crédit est à peu près nul lorsqu'il s'agit d'emprunter, et la distinction établie entre le dernier emprunt et les anciennes rentes, ainsi que ce qui est arrivé dans divers pays à des époques antérieures à peu près semblables, donnent tout lieu de croire qu'on a craint de ne pouvoir confondre les nouvelles dettes avec les anciennes, sans communiquer aux unes la défaveur qui pourrait atteindre les autres; on a même dû prévoir le cas qui pourrait être prochain, soit où l'on cesserait de payer les intérêts, soit où l'on serait forcé de réduire ou d'annuler la dette; alors, par exemple, en n'appliquant ces mesures qu'aux anciennes rentes et en continuant à servir les intérêts des nouveaux emprunts, peut-être espérera-t-on conserver le crédit du nouveau gouvernement, et la faculté d'accroître les nouvelles dettes; quoi qu'il en soit, de telles distinctions et divisions du crédit, dans la circonstance actuelle, sont un aveu qu'il n'est point solide, et si c'est là un moyen de se créer des ressources, il faut convenir du moins qu'il est bien précaire, mais aussi qu'on se serait ménagé bien des latitudes, indépendamment de la chance d'une création de rentes 3 pour cent, car l'énorme différence qui existe proportionnellement entre cette rente et le cinq pour cent à l'avantage de la première, donne tout lieu de croire qu'on projette un emprunt en rentes 3 pour cent; si cette conjecture est fondée, on n'attendra pas pour contracter l'emprunt qu'il circule de nouveaux bruits de guerre, puisqu'alors la négociation deviendrait un peu difficile, pour ne pas dire entièrement impossible; mais rien ne pouvait être plus propre à faire craindre actuellement un nouvel emprunt, que la demande qui vient d'être faite d'un budget provisoire de 360 millions pour le premier trimestre de 1832; car, à supposer que les trois autres trimestres suivans

n'eussent rien de plus, et pour cela, il faudrait une continuation de l'état de paix et de désarmement des places fortes; ce
dont il paraît qu'on doute très fort, puisqu'il est clair que sans
cela, on n'aurait pas cherché à gagner du temps, et qu'on aurait demandé au premier abord le vote des dépenses pour l'année entière 1832, attendu l'inconvénient grave attaché au provisoire dans une matière aussi importante; il ne serait pas
possible de remplir un nouveau budget de 1440 millions sans
recourir à un emprunt, même dans la supposition la plus favorable, je veux dire dans celle où la paix ne serait point troublée
et où aucun autre événement fâcheux ne viendrait aggraver les
circonstances de la France; c'est là une perspective que mal-
heureusement on ne peut plus révoquer en doute, et qui,
mieux que tous les raisonnemens, doit donner la mesure de la
valeur réelle de la rente. Ainsi, la demande d'un budget provisoire présentée dans les circonstances les plus critiques qu'il
fût possible d'imaginer, montre non seulement que la recette
pour 1831 n'offre aucun excédent sur la dépense, quoiqu'il dût
y en avoir un extrêmement considérable, mais encore qu'on
ne fait aucune différence entre les circonstances antérieures,
qu'on disait être à la guerre, et qu'on a fait valoir dans le temps
pour obtenir un budget extraordinaire de 1500 millions pour
1831, et des circonstances qu'on se plaît à faire envisager aujourd'hui comme étant très prospères, nonobstant ce qu'atteste
le déplorable événement de Lyon qui est encore sous les yeux,
et comme étant à la paix, ce qui reçoit, du désarmement des
places fortes, une espèce de consistance momentanée qu'on
chercherait en vain dans les rapports et les systèmes des gouvernemens; mais en accordant un provisoire de 360 millions,
basé sur un état entièrement pacifique des puissances Euro-
péennes, en contradiction formelle aux motifs du précédent
budget, on n'aura plus aucune raison pour refuser les trois autres trimestres, et alors qu'elle sera la base des dépenses publiques dans six ou huit semaines, lorsqu'il faudra, comme
on doit s'y attendre, les évaluer dans des circonstances éven-

tuelles de guerre, car tout change de face d'un instant à l'autre dans les voies impénétrables de l'agiotage.

Sous le rapport de sa situation intérieure, la France n'a donc point changé depuis la fin de 1830, si ce n'est qu'elle a accru considérablement sa dépense et sa dette, en même temps que ses ressources ont diminué dans une égale proportion ; mais en matière de crédit, le seul mot de révolution dit tout précisément parce qu'il ne garantit rien, et qu'un gouvernement ne tient pas à conserver son crédit, du moment qu'il ne peut plus se conserver lui-même ; au reste, le système qui tend au nivellement des fortunes, est, et sera toujours celui qui inspire le moins de confiance, et une rente dont les perturbations sont depuis plus d'un an de 5 à 10 pour cent, presque chaque mois, montre assez que l'agiotage seul la soutient encore, mais il est aisé de voir aussi que cet appui intéressé n'est qu'apparent, et que dans la réalité rien n'est plus contraire à la rente et à une dette improductive de cinq milliards (1) ; et, en effet, si l'on a la guerre, la France trop faible sur mer, et exclue du commerce des ports, ne pourra plus tirer parti de ses nombreuses productions, et comme l'état de paix la favorise plus que les autres nations, puisqu'elle fournit beaucoup plus à celles-ci qu'elle n'en reçoit, de même la guerre lui serait aussi infiniment plus nuisible ; ainsi la France pleine de ressources dans la stabilité et la paix, n'en a point dans les dissentions et la guerre ; et comme la guerre se fait actuellement avec la masse presqu'entière des populations, les dépenses en sont si excessives, qu'aussitôt qu'elle éclatera, il est évident que l'intérêt de

---

(1) L'Angleterre, qui possède toutes les sources du commerce, c'est-à-dire, qui fonde sa puissance maritime sur les principaux établissemens de commerce des quatre parties du monde, est le seul état de l'Europe, qui n'ait pas une dette improductive ; c'est pourquoi elle ne craint pas la guerre, et ce n'est peut-être pas à tort qu'on l'accuse de fomenter les divisions, afin d'arrêter chez les autres peuples, les progrès du travail qui excitent sa jalousie.

la dette cessera d'être payé. Mais que deviendra cette rente dans l'hypothèse même où l'on n'aura pas la guerre? Toutes les sources de prospérité ne sont-elles-pas actuellement taries en France? des récoltes abandonnées pour l'impôt, la perception de celui-ci entravée même par la force armée, la plupart des industrieux en faillite, des ouvriers en insurrection par suite de la détresse où ils sont, ce qui est un moyen infaillible de hâter la ruine des fabricans, et de mettre le dernier terme à leurs maux; tout en un mot, agriculture, travail, industrie, commerce, sécurité publique, c'est-à-dire, tout, hormis la finance, n'est-il pas précaire et subordonné à l'agiotage, car qui ne voit que l'affaire de Lyon a été une lutte entre celui-ci et l'industrie expirante; ce dont il ne paraît pas que personne ait fait la remarque au roi. Cependant, une insurrection aussi grave, sans motif politique, est une chose au moins bien extraordinaire; car pourquoi n'a-t-elle pas eu lieu avant que les affaires de Pologne, d'Italie et de Belgique fussent apaisées? Avait-on alors assez de sujets de faire la hausse et la baisse? Et que diraient ces pauvres ouvriers Lyonnais qui, poussés à des actes de désespoir, songeaient encore à conserver intacte leur réputation de probité, quand ils sauraient que les révolutions qui ont lieu de nos jours ont toutes une source commune qui est l'agiotage toujours avide de millions, qui ruine la France, et voudrait embraser l'Europe? Pourquoi a-t-on empêché l'exécution du tarif? car on devait en prévoir les suites, où il ne fallait pas l'accorder, où il ne fallait pas ensuite le révoquer; en le faisant, ce n'était pas le moyen de remédier à la détresse dont on se plaignait; au contraire, c'en était un bien infaillible de porter aux dernières extrémités une multitude d'ouvriers malheureux. Pourquoi, surtout, puis qu'on a dû connaître, quinze jours d'avance, le projet de cette insurrection, n'a-t-on pris aucune mesure pour l'empêcher, comme il eût été si facile de le faire, et a-t-on attendu qu'elle eût éclaté pour expédier de Paris une forte commande de soieries pour la maison du roi? Etait-ce, peut-être, parce que les agioteurs veulent tenir les esprits dans un état continuel d'agitation, pour qu'ils suivent, sans examen, les impulsions qu'ils veulent leur donner, ou parce que l'époque fin du mois, l'absence de sujets de fluctuation de baisse de la nature de ceux qu'on a un intérêt de signaler, le taux si exhorbitant auquel l'on venait de pousser la rente, le besoin de faire diversion à l'égard du nouveau budget et de ce qui se passe dans le nord, surtout les affiches de la Bourse devaient en faire une occasion de baisse, et ensuite imprimer au cours un nouvel élan de hausse encore plus considérable, et comme il arrive toujours, quand on reconnaît que la baisse n'avait aucun fondement; car pourquoi ces divisions de baisses et de réactions, et ces différentes physionomies de la Bourse, à chaque période de cette malheureuse affaire de Lyon, si ce n'est pour qu'elle finît à l'instar de toutes les guerres et révolutions de 1831, par être encore plus un événement de hausse qu'elle n'avait été un événement de baisse, et pourquoi faire redescendre la rente de 1 fr. 25 centimes, parce que l'état de l'atmosphère ne permettait pas aux télégraphes d'annoncer l'entrée du prince royal à Lyon, si ce n'était pour accréditer l'opinion que cette solennité communiquerait un nouveau mouvement progressif à la rente; pourquoi, ensuite, une nouvelle affiche à la Bourse, à l'occasion d'un accident arrivé à la malle-poste de Lyon, et qui, tout à fait insignifiant pour la rente, ne contribua pas moins à opérer un mouvement rétrograde, très propre pour qu'on pût réaliser des bénéfices, et se remplacer le jour suivant, à la faveur d'une nouvelle hausse, et c'est pendant qu'on allait discuter les trois douzièmes d'un budget qui devra avoir les suites les plus funestes pour la France, qu'on s'occupait sérieusement à la Bourse d'un brouillard et du versement d'une malle-poste; ce n'est donc point ce qui occasione la détresse générale qui peut produire le moindre effet sur les fonds, mais ce sont les choses les plus futiles qui y font des réactions de baisse dans les plus graves circonstances et pour ne durer qu'un jour. Infortunés Lyonnais! ce n'est point de votre sort ni des dangers de la patrie qu'on s'inquiétait à la Bourse, c'était de l'entrée du prince royal dans vos murs, et quand tout fut terminé, on se plaisait encore à voir des chances de baisse dans le versement d'une voiture, comme si on ne pouvait pas finir de profiter de vos malheurs; mais il est au moins bien extraordinaire qu'il soit résulté un retard de vingt-quatre heures dans l'arrivée des lettres de ce courrier, et que le commerce ait été exposé aux conséquences les plus fâcheuses, ce qu'on ne peut attribuer qu'à un manque de prévoyance de l'administration qui, pour des cas de cette nature et qui peuvent être fréquens, devrait prévenir des retards aussi longs dans le transport des dépêches; on comprendra aussi que les affaires de la Bourse et la baisse des fonds ne devraient rien avoir de commun avec les transports des voyageurs et des correspondances, et que de si grands intérêts pourraient aisément compromettre la sûreté des uns et le service des autres. Cependant je ne ferai point la supposition, que ceux qui ont si bien su tirer parti de cet événement à la Bourse, pendant que personne ne voulait opérer, comme sans doute ils l'ont fait, y ayant eu la moindre part, ni même que la hausse de la rente ait été en aucune manière combinée avec cet événement qui se préparait, ni que l'on ait voulu mettre à l'épreuve les partis, montrer leur impuissance, et sonder leurs dispositions avant de présenter le budget pour 1832; mais on ne peut pas entendre sans beaucoup de surprise, qu'on infère d'un cas aussi grave des considérations de stabilité pour le gouvernement, ce qui peut signifier, qu'importe que l'industrie souffre pourvu que la rente se soutienne, comme si l'on voulait rattacher à ce point unique de sécurité tous les intérêts de la rente, et comme si la base essentielle de celle-ci et de la stabilité du gouvernement lui-même n'était pas la prospérité et l'état progressif de la société; on pourrait encore interpréter, dans un sens beaucoup plus étendu une telle inférence, car puisque l'affront fait à Saint-Pétesbourg, à l'ambassadeur français, l'aptitude menaçante que prend la Russie, ses forces considérables et les démonstrations hostiles du roi de Hollande, qui, en qu'en toute autre occasion auraient dû produire une baisse à la Bourse de Paris, ont passé inaperçus à la faveur des événemens de Lyon, et de l'intérêt qu'on y mettait, sans exercer aucune influence sur la rente, on peut y voir la présence d'un nouveau système, d'un autre plan ou d'une nouvelle tendance et direction de l'agiotage; secondement, ces déclarations qui doivent avoir été faites d'une plus grande stabilité du gouvernement touchant cette insurrection, donneraient tout au moins lieu d'en douter; car d'un côté, s'il s'y lie la moindre pensée d'agiotage, il faudrait prendre à la lettre le contraire même d'une telle assertion, et de l'autre, celle-ci ne saurait paraître fondée, si l'on considère que l'insurrection des ouvriers Lyonnais et le résultat qu'elle a eu prouvent nécessairement deux choses; l'une est la détresse commerciale et industrielle de la France, et rien ne compromet la stabilité du pouvoir dans cette circonstance, si ce n'est le provisoire et l'excès des impôts; l'autre que l'autorité n'a pas des moyens suffisans de protéger la propriété et les personnes. Rien dans tout cela n'est bien rassurant pour la stabilité en question; mais en tirant une conclusion qui a si peu de fondement, ne donne-t-on pas bien plutôt à entendre qu'on le croit menacé sérieusement? Et pourquoi faire aussitôt le désarmement des places fortes du Nord et des Pyrénées, à moins que ce ne fût pour servir d'appui à la demande d'un énorme budget provisoire? car si par hasard il survenait des troubles dans la capitale, ou que le pouvoir fût en danger, verrait-on les Espagnols, les Hollandais, les Belges former l'avant-garde russe et s'empresser de venir aussi consolider la paix générale, en rétablissant l'ordre en France, comme les Français l'ont fait à leur égard et en dernier lieu à la grande satisfaction, à ce qu'il paraît, du roi de Hollande, car on ne pouvait mieux confier la Belgique qu'à ceux même qui en avaient reçu le prix. Au surplus, la stabilité du gouvernement, très importante, sans doute, sous le rapport du crédit, en est si peu la base essentielle, que lors de la déchéance de Charles X., pendant les trois derniers jours de juillet, la rente ne baissa que de 4 ou 5 fr., c'est-à-dire, à peu près comme elle le fait aujourd'hui sur des nouvelle qui, dès le lendemain, sont oubliées ou ont perdu toute leur influence.

Cependant un pays ne doit pas être gouverné uniquement pour la rente; la Bourse n'est pas la nation, et l'agiotage ne doit pas être l'objet de la politique : de toutes les valeurs, la rente doit être la plus exempte de prédilection et de monopole; elle doit être subordonnée aux affaires publiques, et ne doit pas les influencer trop; d'ailleurs il est bien visible que les ménagemens que l'on a pour elle, ne sont que pour en retirer plus de bénéfice; mais comment rendre les capitaux à leur vraie destination? Toute dette improductive est nuisible aux produits de la culture et de l'industrie, à plus forte raison les avantages de cette même dette sur les autres capitaux; ainsi, plus la valeur de la rente est fictive et excède sa limite naturelle, ce qui est toujours en raison qu'elle domine ceux-ci, plus ils en doivent souffrir; la finance alors devient un nouveau pouvoir dans l'Etat, et d'autant plus dangereux, que c'est par elle que les partis deviennent formidables. Peut-on nier ces résultats? La guerre pourra donc accélérer et la paix différer pour quelque temps la banqueroute, mais si cette paix continuait toujours dans un pareil état de choses, la réduction de la dette deviendrait à la fin beaucoup plus certaine que même sous un envahissement; une seule citation devra suffire : le nombre des agens de change, à la Bourse de Paris, est de soixante; une de ces places se paie jusqu'à 800,000 fr.; conséquemment il faut 2,400,000 fr. de droits de courtage, ou 480,000,000 de négociation de rente par an, ce qui est environ le double de la dette entière de la France, avant que les soixante agens de change retirent aucun bénéfice de leurs charges. La France est-elle donc si riche, ou la croit-on inépuisable, pour que le simple office des agens de change de la Bourse de Paris, puisse être estimé 48,000,000 ou 133 fr. par jour pour chacun de ces nombreux officians.

Quant à la tournure des prochains événemens, on ne peut former que des conjectures; les résultats, à l'égard de la rente, paraissent seuls ne pas devoir être douteux : dans la supposition qu'on aura la paix, il ne serait point étonnant que le parti de la guerre parvint pour quelque temps au ministère, quand il s'agira définitivement du nouveau budget, et quant à ce qui est très réel : d'une part, l'aristocratie marche lentement et sûrement, ses mesures ne sont jamais très promptes, à moins qu'elles n'aient été préparées long-temps d'avance, mais elle est invariable dans son but, et obtient plus tard ce qu'elle paraît vouloir céder aujourd'hui. Dans le système opposé, la faveur passagère d'un parti ne sera point l'effet de son influence propre, mais seulement des circonstances et avec le consentement secret des autres partis ; d'ailleurs les uns ou les autres peuvent prévaloir successivement sans qu'on en puisse inférer à quel but ils visent, car ils ne sont que des instrumens, ainsi que la plupart des chefs eux-mêmes.

Si l'on ne considère que le nombre immense de bayonnettes qui menacent la France, on pourrait croire que celle-ci opposera peu de résistance; mais cette France est actuellement si peuplée, si pourvue de masses partout, si imposée, le système révolution-naire donne tant d'espoir à tout le monde de s'enrichir, et le cri de guerre est si général, qu'il y aura tout lieu de craindre de nou-veaux soulèvemens et des refus de payer les impôts, car à l'impos-sible nul ne saurait être tenu ; à Dieu ne plaise que je fasse la sup-position qu'on veuille attirer en France la guerre étrangère et en faire une guerre nationale, mais pourquoi dans l'affaire de Lyon tant d'appareil et tant de rigueur, plus propres à aigrir qu'à sou-lager l'infortune; pourquoi désarmer la garde nationale de cette ville, puisqu'il est avéré que l'insurrection n'a eu aucun but poli-tique, et que cette milice ne s'est point montrée favorable aux partis ; au surplus, le précédent budget pour 1831 avait fait baisser la rente de près de vingt francs, tant il occasionait de craintes alors, et aujourd'hui qu'il sera, selon toute apparence, beaucoup plus considérable si l'on compare les motifs, on n'y a pas même fait encore la moindre attention à la Bourse, et sans doute parce que la sollicitude du public était dirigée vers un tout autre point, indé-pendamment qu'une hausse, sans raison fondée, de 12 pour cent sur la rente, était bien propre à empêcher cette baisse, et à empêcher aussi qu'il n'y eut une très forte opposition à ce dernier budget, laquelle aurait eu plus de fondement si la rente avait été basse, le taux de l'intérêt proportionnellement plus élevé et le crédit moins à même de suppléer à l'insuffisance des revenus de l'état. Mais encore quelles garanties les puissances signataires du prochain traité de désarmement dont on parle, et qui pourrait effectivement bien avoir lieu, donneront-elles à la France au sujet de la Russie, qu'on représente comme ne pouvant plus mettre qu'une faible armée en campagne, tandis que cette armée est au grand complet, les pertes essuyées contre les Polonais n'ayant pas été fort considérables pendant huit mois que les armées sont restées en présence et presque dans une complète inaction, et ayant été réparées par des levées extraordinaires, en sorte que 900,000 Russes pourraient être transportés en moins de vingt jours sur le Rhin, où ils ne trouveraient que des places désarmées et point d'armées pour les repousser, et indépendamment des troupes suédoises et hollandaises qui peuvent se joindre à eux, et des Espagnols qui soulèveraient le midi; il est d'ailleurs bien visible qu'un traité de désarmement auquel on semble préparer la nation française, n'obtiendrait l'assentiment de l'Autriche et de la Prusse, ou de la confédération germanique, qu'autant que sa coopération active dans la coalisation, ne serait pas jugée nécessaire, et que la présence de ses troupes serait utile dans ses propres états contre les menées révolutionnaires, et pour assurer les communications des Russes; l'Autriche pourrait avoir d'autres raisons particulières de rester en observation; ces forces formeraient alors les réserves des alliés pour agir dans le besoin; et un pareil plan, s'il était réel, pourrait procurer une série de protocoles, et la médiation de plusieurs grandes puissances; mais qu'on se rappelle comment Napoléon fut reçu en Espagne pour avoir trompé la nation, et tout réussirait à merveille, qu'encore l'état financier de la France n'en serait pas plus satisfaisant, et pourrait en ressentir de graves atteintes. Il n'est donc pas croyable que le parti libéral en France veuille abandonner le pouvoir, les honneurs et les emplois sans une grande effusion de sang, ni les agioteurs la rente, aussi long-temps que la banqueroute ne sera pas consommée; le peuple a acquis le sentiment de sa force; ce ne sera qu'après qu'il l'aura perdu qu'on pourra le faire changer; la coïncidence entre la défense désespérée des Polonais, les révolutions qui viennent d'éclater de toutes parts sans aucune chance de succès, le taux élevé de la rente de France et ce qui se passe en Angleterre, où comme en France, on lie le système révolutionnaire à celui de la paix, la hausse des fonds à ce qui tend à la banqueroute, et la paix à ce qui doit produire la guerre, et où la demande d'une réforme parlementaire n'est aussi qu'un prétexte pour mettre la rente de ce pays-là, à l'aide d'une révolution, au pouvoir des agioteurs et amener sa chute en faisant dominer l'influence du peuple : tout cela montre jusqu'à l'évidence que les agioteurs de la Bourse de Paris comptent sur une vaste coopération des peuples, et surtout si l'on fait attention à l'esprit qui domine, ce serait mal juger du caractère des Français de croire que le nombre puisse les intimider, ni qu'ils voudront céder autrement qu'à la force; celle-ci est, il est vrai du côté des alliés, mais qui peut prévoir les nouvelles révolutions qui peuvent survenir; car tous les pays sont plus ou moins sur un volcan, et telle opinion qui aujourd'hui a le dessus, demain peut être remplacée par une autre.

Mais nous disons que, relativement à la rente, l'issue ne saurait être douteuse, ni dans la paix; car les éventualités de guerre et les éventualités de paix ne se borneront pas à coûter à la France cinq à six cents millions par an de dépenses extraordinaires indépendamment des bénéfices énormes sur les variations de la rente, ce qui est un événement bien complet et suffirait pour occasioner la banqueroute et tarir toutes les sources de prospérité de ce pays; ni dans la guerre, car un armement de plus de dix-huit cent mille hommes de troupes d'élite des souverains alliés qui date déjà depuis plus d'un an, outre des flottes nombreuses, devra lui seul porter un dernier coup au crédit de la France, soit que cette dernière fasse la loi à ces souverains, ou qu'elle doive la recevoir d'eux, puisqu'il serait difficile de prévoir laquelle de ces deux alternatives serait la plus coûteuse, surtout si des agioteurs fournissent les plans de campagnes et en dirigent les opérations, que les variations de la rente ne soient pas oubliées avant et après les batailles, ni pendant les trèves et les négociatiõns, et qu'on ménage avec soin des motifs de hausse, ou un espoir d'accomode-ment, en même temps qu'on pourrait faire revivre des souvenirs de gloire et des espérances de conquêtes, afin de se servir alterna-tivement des revers et des succès, lorsqu'il y aura de grandes opé-rations de baisse, afin de battre les imprudens baissiers, comme on l'a déjà fait si souvent et sans qu'ils en soient devenus mieux avisés, et quand il conviendra aux agioteurs de faire la baisse, les moyens, alors comme à présent, ne leur manqueront pas, et ils n'auront pas besoin d'en créer aucun; mais on leur donnera une interprétation différente que dans la hausse avec plus ou moins d'importance, et après cela on les supprimera de nouveau, pour quelque temps, selon les opérations faites ou projetées de la Bourse.

Il est donc facile de comprendre que les bénéfices des agioteurs croîtront à proportion que les circonstances deviendront plus critiques, mais la perspective de si grandes occurrences pour le jeu, est loin d'être un gage ni même un indice que la paix ne sera point troublée, au contraire; d'un autre côté, le taux si exorbi-tant des effets publics dans la circonstance actuelle, montre qu'on se propose de faire descendre la rente fortement, mais avec de grandes réactions et dans le plus long délai possible, si les dé-partemens, lorsqu'ils verront ce qui en est du système de la Bourse et toutes les jongleries qui s'y rapportent, entre autres les émeutes et l'influence ridicules de Paris, ne veulent pas une fin à tant de débordement et n'exigent pas la suppression complète du jeu de la rente pour tout le temps où l'ordre, la stabilité et la paix, ne seront pas rétablis dans toute l'Europe.

Cependant ce ne serait pas assez d'attendre la banqueroute soit dans la paix, soit dans la guerre, mais il est clair qu'on l'aura aussi, ou qu'on risquera beaucoup de l'avoir, même avec la restauration et il n'y a pas besoin de dire pourquoi; et sans doute que les dépenses qu'a occasionées la restauration en 1815, auront été peu de chose en comparaison de celles qu'on doit prévoir pour l'avenir, et comment se récupérer de tant d'autres dépenses extraordinaires qui auront été en pure perte, et rétablir la circulation et la confiance? Mais alors du moins, on verrait une issue à tant de calamités; mais après une banqueroute en temps de paix, ou après une banqueroute en temps de guerre, et après que l'agiotage aura tout épuisé, tout démoralisé et mis au néant le crédit, que restera-t-il pour assouvir la soif de l'or! que deviendra la Banque? se contentera-t-on de créer du pa-pier mon-naie, et après avoir vidé les poches, de faire tomber les têtes; comme on ne l'a déjà fait que trop précédemment? On frémit d'y penser.

Cependant l'incertitude touchant la paix ou la guerre est trop favorable aux agioteurs et aux grandes fluctuations de la rente, pour qu'on ait voulu éclairer l'opinion sur ce sujet intéressant. C'est pourquoi le taux de la rente est encore trop élevé par le soin qu'on a eu de cacher les chances de guerre et d'affaiblir leur importance en en faisant un sujet d'agiotage. L'on conçoit aussi que pour do-miner les différentes nuances d'opinions d'un même système, on les cultive toutes sans distinction, car du moment que les chefs de partis cesseraient d'être d'accord secrètement entre eux, il y aurait une révolution nécessairement; on conçoit encore que pour maîtriser et conduire des opinions divergentes, on penche toujours du côté le plus fort, et que l'on mette alternativement à leur tête celle de leurs catégories qui coïncide le mieux avec les circonstances; ou ce qui revient au même, on comprend pour-quoi le parti de la guerre et le parti de la paix sont dans le fond une seule et même chose, chacun pourra y reconnaître le génie des révolutions, mais dire qu'on veut conserver la paix parce qu'on trouve que la responsabilité d'exposer la France à une agression de dix-huit cent mille hommes de troupes aguerries, et ayant le choléra asiatique pour auxiliaire, serait trop forte, n'est ce pas le gage le plus certain qu'on aura la guerre très prochainement ; il sied bien quand on est le plus fort de dire qu'on ne veut point de guerre, mais de le dire quand on se croit le plus faible et de ne pas armer quand les autres arment, c'est exciter la guerre ; on dit encore que le ministère veut la paix à tout prix, mais une telle prétention serait au moins ridicule, car on n'arrête pas un ennemi en lui tournant le dos, et l'on ajoute que les souverains alliés ne feront pas la guerre parce qu'ils craignent les séditions, mais ils ne craignent point leurs peuples, ni l'empereur de Russie, qui vient de soumettre les Polonais, ni l'empereur d'Autriche, qui a soumis les révoltés Italiens, ni même le roi de Hollande, qui vient de battre les Belges ; les agioteurs ont-ils craint qu'en faisant ce qu'exigeait l'honneur et la sûreté de la France, non par de vaines paroles, mais par des faits, c'eût été la sauver ? ce qu'il y a de fort surprenant encore, c'est qu'ils affectent de vouloir tout sacrifier pour éviter la banqueroute, tandis qu'ils font tout pour l'avoir; aussi long-temps qu'on ne fera pas une réduction d'au moins cinq cents millions sur les dépenses, et qu'on ne mettra pas un terme à l'agiotage de la rente, on aurait tort de dire qu'on ne veut pas la banqueroute, de même qu'on n'a aucune raison de soutenir qu'on ne veut pas la guerre, pendant qu'on suit un système qui la provoque nécessairement. En second lieu, toute la tactique des agioteurs paraît avoir été de préparer et façonner tellement l'opinion par une suite non interrompue de faits plus ou moins importans, mais qui n'ont fait que de compromettre toujours plus la sûreté extérieure de la France, que les événemens qui devront consommer la banqueroute arrivent sans que la rente se décase, puisqu'à la veille de tels événemens la reute trois pour cent est montée à plus de 70 fr. par une foule de faits apparens, ou supposés, vrais ou faux qui simulaient ce qui va arriver réellement; ainsi, en protestant que la paix ne sera point troublée, et alors même qu'on faisait la guerre, on a fait passer depuis un an, les détenteurs de rentes par tous les degrés d'appréhensions, les spéculateurs par tous les degrés d'attente, de lassitude et d'espérances vaines, les baissiers par tous les genres de déceptions; et l'on a eu de tout jusqu'au retour subit de trois ou quatre ambassadeurs à la fois, et l'on pourrait interpréter dans ce sens presque tout ce qu'on a fait depuis la révolution de juillet, et toujours dans le but de préparer aux événemens les intéressés à la rente, et de les amener à voir de sang-froid et sans alarmes s'écrouler l'une après l'autre toutes les bases du crédit, et avec quelle habileté on fait essuyer des pertes considérables à ceux qui sont contraires à la rente, pour les empêcher et les punir d'être baissiers, et tout cela pour que les uns et les autres voient la guerre éclater même sérieusement sans que la rente se décase, et sans que les capitalistes si souvent trompés par de fausses alertes et des simulacres ou bruits de guerre, sentent le danger de leur position, car ils auront été habitués insensiblement à ajouter foi aux opinions émises dans ce but, et c'est à quoi un système de déceptions continuelles à l'égard des baisses tendait si puissamment; c'est ainsi qu'on est parvenu à créer une opinion entièrement erronée et factice, car les choses en sont toujours au même point, ou n'ont fait qu'empirer, et c'est ainsi qu'en maîtrisant peu à peu les opinions, on parvient à les dominer pour toujours et qu'on les fait passer d'erreurs en erreurs, jusqu'à ce qu'on ait épuisé tous les moyens d'en profiter; c'est pourquoi le signe le plus fâcheux pour la rente, est l'influence qu'on exerce sur elle. Ainsi, au moment où nous sommes, les agioteurs ont fait tous leurs préparatifs de guerre; on peut en inférer la manière dont on se propose de la faire, et qu'elle ne devra pas tarder beaucoup; la France n'a fait aucun préparatif pour des hostilités, sans doute afin qu'on ne crût pas à la guerre; tout y est calme maintenant et dans une apparente sécurité, mais c'est le calme qui précède l'orage.

Pour en revenir aux autres éventualités de guerre, vouloir la paix, c'est vouloir la restauration, car il serait aussi impossible d'obtenir la paix sous un régime hostile à l'égard des autres puissances, que d'avoir la restauration et la guerre; et qu'on ne dise plus que les alliés craindront d'attaquer la France, puisqu'il est

visible que la crainte d'accélérer la propagation du choléra a seule
retardé les évenemens de Pologne, celui du bill en Angleterre, la
marche des alliés et celle des Russes à travers l'Allemagne; mais
ce contre-temps, qu'ils ont si bien su mettre à profit dans un sens,
et point dans l'autre, n'existera bientôt plus : d'ailleurs, ceux qui
prétendent que la révolution de juillet peut fleurir dans la paix
soutiennent une chose incompatible avec la politique des alliés, et
qui est contraire aux traités et aux droits existans, et en disant
qu'on n'aura pas la guerre, ils trompent la nation et tous les partis;
car ils savent bien que des cent milliers d'hommes vont encore
périr pour le jeu de la rente qui asservit la plupart des journaux
afin d'égarer l'opinion, et non point pour faire la hausse e ts la
baisse, mais pour les motiver, car les agioteurs font l'une et l'autre, comme ils veulent même en dépit des événemens imprévus,
et n'ont nullement besoin d'être secondés par les circonstances et
encore moins par les journaux, si ce n'était qu'il leur importe de
voiler les faits autant que cela leur est possible, et non point pour
empêcher la banqueroute, mais pour la rendre inévitable; tel est
à n'en pouvoir douter, l'objet du parti de la paix et celui du parti
de la guerre, qui, divisés en apparence paraissent être d'accord
en secret, car dans certain élan du progrès social on pourrait tout
aussi bien espérer de voir les avocats concilier tous les plaideurs
que de ne point avoir la banqueroute et la guerre. Cependant au
parti pacifique se rattachent tous les détenteurs de rentes, banquiers, négocians, agens de change et autres personnages influens
de la Bourse, et comme jusqu'à présent la plupart paraissent avoir
été loin de se douter que l'état de paix conduirait à la banqueroute
aussi sûrement que l'état de guerre, la prépondérance de leur
parti, dont ils n'attendaient que d'heureux effets, leur a fait tenir la
rente à un taux exorbitant, en revanche, le parti qui est porté
pour les hostilités, étant la terreur de ceux qui ont des rentes, il
faut s'attendre qu'aussitôt qu'il prendra la place du ministère ac-
tuel, les trois masses de rentes du capitaliste, du spéculateur et
des joueurs, afflueront dans le marché de la Bourse et formeront

pour la première fois, depuis quatorze ans, une masse considérable de rentes flottantes, qui croissant chaque jour, ouvrira les yeux à tout le monde sur le véritable état financier de la France.

En résumé, la rente est frappée dans ses principes essentiels qui sont l'état progressif et prospère des sociétés, la sécurité de l'avenir, la stabilité du pouvoir et l'absence d'agiotage et de besoins d'emprunts; et c'est à tel point que la banqueroute devra être produite, tant par les circonstances que par la force des choses; il ne faut pas même être bien pénétrant pour voir que l'extension et les progrès de l'agiotage suffiraient seuls pour donner cette solution, lors même que les agioteurs font si admirablement leurs coups de bourse, qu'ils finissent par en imposer momentanément et par tenir fictivement lieu de solidité au crédit; que le commerce pourrait maîtriser toujours les circonstances et que celles-ci ne seraient pas à tous égards précaires; lors même que la France ne devrait pas payer les immenses préparatifs de guerre qu'elle a occasionés, et qu'il ne serait point vrai qu'il ne puisse plus y avoir pour elle aucune chance de succès; et lors même que le choléra ne viendrait pas achever de répandre la misère parmi les ouvriers de la capitale, la consternation dans toutes les classes, interrompre les communications avec les départemens, éloigner pour long-temps les étrangers et frapper d'inertie et de mort toutes les affaires, car nonobstant qu'il en fût ainsi, personne ne pourrait prévoir où s'arrêteront les dépenses extraordinaires et les emprunts, ni se flatter que les impôts puissent être payés, et personne ne doutera que l'existence du crédit ne soit lié au maintien de l'ordre et de la vraie stabilité, et que, hors de là, de quelle opinion qu'on se range, on ne veuille également la banqueroute, car quand le présent n'offre plus de garantie, et qu'il faut acheter la concorde et la paix, surtout à tout prix, on ne pourrait dire où s'arrêteront les sacrifices; la France ne saurait suffire encore long-temps à de pareilles exigences, et elle va être forcée un peu plus tôt ou un peu plus tard, à faire une réduction dans sa dette, et à consolider sa rente, qui déjà ne se soutient plus que par art, et ce dernier palliatif devra même hâter sa chute, et laisse tout à craindre pour l'époque où les ménagemens deviendront superflus. Il est des personnes qui ne connaissent que les grands bénéfices, sous leur administration, l'état de paix coûte autant qu'un véritable état de guerre, et celui-ci absorberait en très peu de temps tous les capitaux de la France (1).

Cependant on ne cesse de représenter tout ce qui arrive, comme étant au mieux pour les effets publics; jusqu'à la dislocation des colonies [militaires russes, et leur envoi aux armées actives de la Vistule; ce qui n'avait pas même eu lieu dans la dernière guerre contre le formidable empire et le valeureux sultan des Turcs, sont présentés à peu près de cette manière; après cela qu'on parle encore de désarmement, et même qu'on l'opère en effet, ce seront deux choses toutes naturelles dans le sens de la Bourse, mais qu'alors les détenteurs de rentes puissent croire sérieusement à la paix, et qu'ils puissent croire à la prospérité de la France, sous un budget de 1,500 millions, ce seraient deux choses inconcevables; et il n'y a pas même jusqu'aux baisses qui, n'étant presque jamais motivées sur des causes véritables, et étant par la même un appat présenté à la spéculation, ne finissent par rendre le cours progressif et plus élevé qu'auparavant; c'est la meilleure preuve, en faveur de l'opinon que j'ai émise dans ce cahier et dans celui qui précède, car autrement, on n'aurait pas besoin d'employer tant de moyens ingénieux pour faire ressortir le contraire; ainsi, au moment où tout le monde croira à la paix, la guerre sera près d'éclater, et la définition commencera lorsqu'on s'y attendra le moins, pour que personne ne puisse profiter de ces événemens à la Bourse, et pour que la progression de baisse devienne si forte, qu'elle trompe bien du monde; mais quoiqu'on fasse, les capitalistes et banquiers étrangers n'attendront pas que la guerre soit décidée pour donner des ordres si considéra-

---

(1) A l'époque des guerres de l'empire, les dépenses étaient la moitié moindres qu'actuellement qu'on a la paix; et il y avait un grand nombre de départemens de plus pour y contribuer.

bles de vendre à tout prix , qu'il n'y aura plus moyen de sontenir le cours des effets publics, et que celui-ci qui est actuellement hors de toute proportion avec les circonstances, descendra sans qu'on puisse prévoir où la baisse devra s'arrêter; qu'on s'abstienne seulement d'être baissier comme la prudence le prescrit, et la rente aussitôt tombera pour ne plus se relever.

Mais il existe un grand nombre d'autres motifs non moins concluans et fondés, d'une baisse forte et long-temps progressive de la rente, indépendamment de la rareté et du besoin d'argent qui se feront sentir aussitôt que la débacle de celle-ci aura commencé; ces nouveaux motifs sont tirés de la tactique ou des régles de la spéculation, et feront le sujet d'autres cahiers.

Je termine celui-ci en déclarant que chaque exemplaire, dont le nombre est fixé à cent mille jusqu'au 1ᵉʳ janvier 1833, pour être mis en vente par souscription, sera révétu de ma signature, et que toute contrefaçon ou vente qui porteraient atteinte à cette propriété, seront poursuivies devant les tribunaux.

FIN DU SECOND CAHIER.